【吴式】40式

Wu's Tai Chi Sword 太极剑

童红云 编著

成都时代出版社

和缓自然

轻灵潇洒

　　吴式太极剑是由吴式太极拳的三位老前辈吴鉴泉、郭松亭、王茂斋将吴式太极拳拳招结合乾坤剑剑术改编而成并流传至今的，故此，吴式太极剑兼具有太极拳和剑术的风格特点，它既保留了太极拳平顺柔和、绵绵不断、重意不重力的功法特色，又表现出优雅飘洒、身剑合一、剑走轻灵的剑术演练风格。

　　吴式太极剑强调将意念集中在剑体上，以意导剑，在身体的配合下完成各式剑法，因此，凡剑动都要以意识引导，剑随意动，使本为身外之物的剑，通过意的引导和肌体的自然调整，达到与身体的高度统一。吴式太极剑在持剑方法上也别具特色，分为双手剑法和单手剑法，并突出双手合一握及左右手换把动作。此套剑法多以弧形运动为主，没有直角的进击，剑走圆势，动作之间的衔接自然合顺，给人以圆活柔顺之感。

　　吴式太极40式剑，是著名武术家李秉慈先生在传统吴式太极拳64式的基础上，经过精简改编形成的套路。它去掉了传统吴式太极剑中繁杂重复的部分，剑法结构更合理，招式更简单，更适宜大众习练；同时，它也保留了传统吴式太极剑架式小巧、紧凑有度、剑法细腻、连贯缠绵、和缓自然的风格特点。

　　吴式太极剑注重"内"与"外"的整体修练（"内"指意，"外"指动），它既要遵循吴式太极拳"轻静柔化，紧凑舒伸，川字步型，斜中寓正"等要求，又要遵循剑术自身的规律进行演练。长期坚持正确的练习方法，必能以气运身，以意运剑，意先身后，身随剑起，达到一种身与剑合、剑与意合的境界，从而利关节、强筋骨、壮体魄、理脏腑、通经脉、调精神，使身心得到全面锻炼。

该套剑术由吴式太极拳、剑正宗传人，蝉联全国武术太极拳（剑）锦标赛冠军的童红云女士亲自执教。童红云女士毕业于武汉体育学院武术专业，取得民族传统体育专业硕士学位。在从事太极拳、剑学习和教授二十余年中，勇毅力行、务实宽厚、敬业守责、严谨治学，深得学练者爱戴。由于教授得法，曾培养出数位太极拳、剑全国冠军和一批后起之秀，受其教授和指导的国内外太极拳、剑爱好者人数众多。童女士对太极拳、剑的继承和推广工作，作出了有益的贡献，誉满海内外。

童红云女士修己慎独、谦逊好学，在就业于深圳市体育局前，曾拜于吴式知名前辈李秉慈先生门下，虚心求学，勤奋习练，默识揣摩，深得拳、剑法的精义要髓，是吴式传统太极拳、剑后继人才中的佼佼者。能得到童红云女士的教诲，是太极拳、剑爱好者一生之幸事。

该套剑除对每式动作进行演示和讲解剖析外，还对招式的结构特点、技术要领、实用技法、易犯错误和纠正方法进行点评和综述，非常专业和有效，能帮助读者练就一身赛级太极剑术功夫。

有了名师执教，再加上文图并茂的教学展示，只要你勤奋专一苦练，成就超然拳技可说是指日可待。

中国武术百杰——江百龙教授

目录 Contents

第三章 40 Technique of Wu's Tai Chi Sword

吴式太极剑【四十式剑谱】

附录 中华传统之剑文化
Chinese Traditional Culture of Sword

柔化太极

剑走轻灵

【吴式太极剑概况】

Gentle Tai Chi and Light Sword
Introduction of Wu's
Tai Chi Sword

依古书所讲，凡以剑术胜人者凭借的是精湛的剑法、高超的技艺以及美好的德行，而不是凭借臂力过人、兵器沉重、凶猛暴烈或粗鲁蛮横。所以说："剑者，君子之兵也。"

吴式太极剑结合了吴式太极拳的轻灵松柔，端庄典雅，含神不露，身随剑走，剑如凤头，身似展翅，身剑合一，伸缩有度，柔而不弱，刚而不强，精妙潇洒，悠然持久等特点，具有矫健、勇锐、沉着的气度和精妙、潇洒、大方的风范。

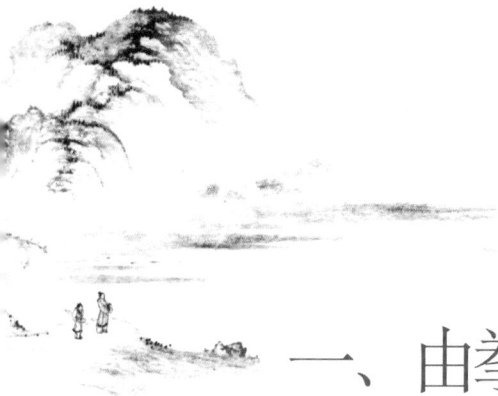

一、由拳入剑的吴式太极剑

From Tai Chi Boxing to Tai Chi Sword

清朝同治年间，全佑先生跟随杨式太极拳创始人杨露禅（1799—1872）习太极拳。之后，他逐渐在杨式小架的基础上，经过发展、创新、修润，使其形成一个新的流派——吴式太极。全佑之子吴鉴泉（1870—1942）自幼喜练武功，在父亲的教导下，对太极拳的造诣日益精深。他在慢架中去掉重复和跳跃动作，使拳架更加柔和规矩，成为连绵不断、符合太极阴阳理论的功架，创编出小架子太极拳（又称中架子太极拳），也就是吴式太极拳。可以说，吴鉴泉先生是吴式太极拳的定型人。

1928年，吴鉴泉先生受上海精武体育会邀请赴上海教拳。1935年创设"鉴泉太极拳社"，并于1939年在上海西藏路青年会建"鉴泉厅"，为吴式太极拳爱好者提供了习武场所。1942年，吴鉴泉先生逝世以后，上海鉴泉太极拳社社务由其女吴英华（1907—1996）和女婿马岳梁（1901—1998）负责。鉴泉太极拳社现已发展到新加坡、菲律宾、美国、加拿大等国家，联合国也有太极拳俱乐部教授吴式太极拳。

吴鉴泉先生去上海后，全佑先生的弟子王茂斋（1862—1940）一直在北京传授吴式太极拳，从20世纪30年代起就成为了北方的掌门人，人称"南吴北王"。王茂斋先生弟子很多，主要弟子有彭仁轩、赵铁厂、杨禹廷、刘光斗、修丕勋、李文杰、王历生、曹幼圃、朱家和等一百多人。

吴式太极拳功架紧凑，松静自然，充分表现出了轻灵、圆活和动作连贯的特点。此外，吴式太极拳还保留了较多的传统器械项目，如太极剑、太极对剑、太极刀、太极扎四枪等。

吴式太极剑是由吴式太极拳的三位老前辈吴鉴泉、郭松亭、王茂斋将吴式太极拳拳招结合乾坤剑（乾坤即是阴阳，阴阳即太极）改编而成并流传至今的太极剑术。

推陈创新

神动一体！

童红云新作问世

李秉慈题

戊子年夏於深

第一章 吴式太极剑 概况 ☯

二、轻静柔化、身剑合一

Characteristic of Wu's Tai Chi Sword ——吴式太极剑特点

　　吴式太极剑同吴式太极拳一样，具有心静体松、神态自然、以意运身、重意不重力的特点。它的用意更多的集中在剑体上，以意导剑，在身体的配合下完成各种剑法。吴式太极剑的速度相对和缓，这也是用意的基础条件。因此，凡剑动都要以意识引导，剑随意动，使本为身外之物的剑，通过意的引导、肌体的自然调整及持剑方法的变化，达到与身体的高度统一。

　　吴式太极剑在持剑方法上别具特色，分为双手剑法和单手剑法，并突出双手合握及左右手换把动作。吴式太极剑的剑法之间、动作之间多以弧形运动为主体，没有直角的进击。练习时要注意体会通过弧线、圆形和贴拿柔化的技术衔接动作。一势做完时通过手腕的翻旋，以腰身带动，使剑走圆势，自然合顺相接，给人以圆活顺便之感，从而达到随心所欲的妙趣境界。

　　吴式太极剑在练习过程中，注重的是"内"与"外"的整体修炼（"内"指意，"外"指动），它既要遵循吴式太极拳"轻静柔化、紧凑舒伸、川字步型、斜中寓正"等要求，又要按照剑术自身的规律进行演练。长期坚持正确的练习方法，必能以气运身，以意运剑，意先身后，身随剑起，达到一种身与剑合、剑与意合的境界，从而利关节、强筋骨、壮体魄、理脏腑、通经脉、调精神，使身心得到全面的锻炼。

　　初学吴式太极剑，一招一式力求做到准确规范，手、步、身、眼和剑法都要准确清楚，符合规范。切不可贪多求速，不求甚解，以致形成动作的错误定型，造成"学剑容易改剑难"的尴尬局面。因此，学练吴式太极剑应先求招式正确，再求进度，按照剑法基本功、单势练习、基础组合动作练习、套路练习、对剑练习等程序循序渐进。

三、吴式太极剑剑法十三字诀
Thirteen Characters Knack of Wu's Tai Chi Sword

    吴式太极剑的传统剑法，概括起来有击、刺、格、洗、抽、带、提、崩、劈、点、搅、压、截十三字诀，包括了攻击性剑法、防御性剑法和防中带攻的剑法。其中，击、刺、格、洗四法在剑术中属主要用法，也是在对敌时经常使用的招法。

1. 击

    "击"的意思，就好像是用石头砸击某物，又像是敲钟击磬一般。击有正击、反击两种。反击用阳把剑（见P14图2），剑由右向左平击敌人的腕指，剑刃朝左右，就像是击磬之势，左诀指向右后方撑开，步法为右弓步。正击腕，头走直线；反击腕，两耳呈横斜线。还有扣腕击是用内把剑（见P15图5），剑尖自下翻上击敌人的腕指，左诀指扶右手而行，步法为歇步。

2. 刺

    "刺"的意思是用剑尖戳，即用剑锋直入物体内部。刺有侧刺、平刺两种。其中，侧刺用顺把剑（见P14图3），刺出剑刃朝上下，左诀指作半圆形向后撑开，步法为上步向前的弓步。

3. 格

    格字的意思是阻拦，此势的目的是格拒来械的进击。格有下格、反格两种。下格用顺把剑（见P14图3），由斜角自下而上挑格对方的下腕（如钓鱼姿势），身体略偏右方，左诀指作半圆形置于左额前上方，步法为右弓步；反格是避对方的近身之剑，用逆把剑（见P14图4）格拒来剑，左诀指向后撑开，有时助右手而行。此法较险，非身法灵活不可轻易让剑入怀。步法多用虚

刺剑

步，有时在避剑时，须用抬腿独立步。

4. 洗

"洗"的意思是用水冲洗，其势自上而下或自下而上，类似于喷壶浇花状。洗剑用逆把剑，持剑上步猛攻敌身，剑自下而上为倒臂之势，左诀指向后撑开，步法为上步右弓步。

5. 抽

"抽"的意思是拔取，其势如抽丝。抽有上抽、下抽两种，又分抽腰、抽腿。抽剑都用阳把剑，即剑尖向前，在对方的手腕下方往上抽拉，顺势割其腕部。同时，左诀指呈半圆形置于左额角前上方。当抽腰、抽腿时，左诀指随右手而行。步法都是右弓步。

6. 带

"带"的意思是顺手带过来，其势类似于往回拖拉的状态。带有直带、平带两种。直带采用顺把剑（见P14图3），即剑尖向前在对方的手腕下方，自身略向后仰，顺势回带手腕。同时左诀指扶剑柄而行，步法是右虚步。平带分三种：①剑尖在对方手腕上往左前方推带，下手剑尖在对方手腕下向左右拖带，左诀指随右手而行；步法是独裆弓步；②剑尖在腕上，剑自左向右往后抹带像是筛米状，断对方手腕处，左诀指随右手而行；步法如上右脚可做歇步，上左脚可做弓步；③剑尖指向对方喉部，粘住敌剑向右侧后带回，趁势刺对方喉部，左诀指扶右手而行；步法往回带时前脚虚，往前刺时前脚实，后脚不动。

7. 提

"提"的意思是向上挈，其势就像是提着篮子往上拉。提有前提、后提两种。两种方法都是用逆把剑（见P14图4），但身法有向前、向后之分，即身向前者为前提，身向后者为后提。前提翻腕向上，像是提物向上，使剑尖向对方的外腕下扎。此势对剑把的灵活性要求比较高。步法有时为弓步，有时为虚步。

崩剑

8. 崩

　　崩剑有正、反两种。所谓正崩是用顺把剑使剑身不动，用腕力向上挑崩，直挑对方手腕，同时，左诀指扶右手而行；步法是右弓步。所谓反崩是用逆把剑，配合"倒插步"，这种方法全仗腰腿动作，方能得力。同时，左诀指向后撑开。

9. 劈

　　"劈"的意思是用斧子砍木头，像是用剑的刃口自上而下将物劈开。劈剑只有一种方法，是用顺把剑自上而下直劈对方的头部或手臂，左诀指向后撑开；步法为弓步。

10. 点

　　"点"，就像是石块从山上坠落下来，还有蜻蜓点水的感觉。点剑只有一种方法，用顺把剑，手臂不动，用掌腕的力量使剑尖突然直下点击对方的手腕；左诀指呈半圆形置于左额前上方；步法为右虚步或左弓步。

11. 搅

　　"搅"，像是搅拌粥锅，用剑锋划圆圈。搅剑有横搅、直搅两种。横搅用顺把剑做直角式上下翻搅。左诀指与右手迎剑开合像风车环转；步法在行走中左右虚实不定。直搅用阴把剑，左诀指扶右手，使剑尖围绕对方的手腕以螺旋形前进，剑尖圈小而剑把圈

劈剑   压剑

大。当上手回搅下手手腕时，也要以螺旋形后退，而且要一边退一边搅，使得剑尖不离对方手腕的四周。

12. 压

　　"压"的意思是覆盖，像是往上加压重量。压剑只有一种方法，用阳把剑作直角式压住对方的剑，并使之停滞，自己乘势去袭击对方。压时剑尖要稍向下，使对方的剑无可逃脱。左诀指呈半圆形撑开或扶右手而行；步法是右弓步。

13. 截

　　"截"的意思是割断，像是拉锯断木。截有四种方法：①平截。用阴把剑，引高剑把，剑尖下垂截对方的内侧手腕。左诀指向后划半圆；步法是右弓步。②左截。用顺把剑，先避开对方的剑，身体向右偏，剑向左截，然后击对方的手腕。同时，左诀指划半圆向后撑开；步法是弓步。③右截。仍用顺把剑，避开对方的剑，然后闪身向左顺挽旁花还击对方的手腕，左诀指划半圆向后撑开；步法是右弓步。④反截。用逆把剑，身体向左偏，剑尖自上截下，以截地之势击对方的臂腕，左诀指划半圆置于左耳后上方；步法是前虚后实"独裆弓步"。

四、吴式太极剑两阶段的习练要诀

Main Practicing Points of Wu's Tai Chi Sword in the Two Phases

以轻灵著称的吴式太极剑，动作既细腻又舒展大方，既潇洒、飘逸、优美又不失沉稳，既有技击、健身的价值又有欣赏价值。在练习的时候，初级阶段和高级阶段各有不同的要诀，只有掌握好，才能运用自如。

1. 初级阶段

习练吴式太极剑的初级阶段首先要明白各种剑法的特点、要求、动作要领以及剑法之间的区别。初练时，最好要根据动作名称来练习。想要做到动作基本连贯，就需要掌握不同剑法之间的衔接动作。

2. 提高阶段

在初级阶段只要求做到剑法清楚、动作正确；而提高阶段则要求剑法准确，即不仅要懂剑法，而且要明剑理。要求松腰沉胯、动作沉稳；剑法的劲力准确、协调；力从腰出，贯至臂腕。

开始时速度不宜过快，主要弄清动作路线，注意姿势的正确性。待动作熟练后可加快速度，同时注意太极剑的节奏。这种节奏就是太极剑动作的刚柔相济、忽高忽低；劲力的轻重缓急、有大有小；速度的快慢相间所表现出的一种韵律。练习吴式太极剑时尤其要注意速度的快慢相间。

在初级阶段要求动作基本连贯，在提高阶段则要求连绵不断、潇洒飘逸。这就需要更加精心地研究每个动作之间的衔接，其要领是用好腰劲，注意启承开合的微小动作。

太极剑是武术器械类的一种，是百兵之君，有极强的攻防含义。所以，要搞清楚每个动作所用的剑法的技击作用。平时虽然是单人练习，但也要有强烈的攻防意识。

练习吴式太极剑时，怎样才能做到协调？

　　吴式太极的剑法动作比较复杂，对人体的协调性要求很高。协调是美的基础，也是提高劲力的基础，那么怎样才能作到协调呢？

　　（1）全身放松；

　　（2）以腰为轴，通过腰的转动带动身体其他部位；

　　（3）练习太极剑时，要求明白剑法的作用、动作路线，剑指与剑一开一合、配合默契、自然协调；

　　（4）练习太极剑时，还要求注意重心的变化。上步时，重心先不变，以虚步上步，然后重心才慢慢移到下一个动作，重心的变换与定式动作同时到位才能协调。练习时如果感到不协调或是发力不顺畅，就要检查上下肢动作配合是否得当，腰的转动与四肢的动作是否配合，剑的规格与动作的线路对不对，加速的时机是不是正确等。

贺章红云转作并其起

持之以恒

法艺双修

李德印

二〇〇八年冬月

跟起跟落筑基功
支撑八面任意行

Started with the Basic Skill and Finally Become the Master

第二章 Basic Knowledge of Wu's Tai Chi Sword

【吴式太极剑基础入门】

习练吴式太极剑时，要求形随意动、身随剑走、剑掩身形、身剑合一……然而，要达到这样的要求并非易事，首先需要从吴式太极剑的基础入门开始，循序渐进地进行练习。

一、剑的基本知识
Basic Knowledge about Sword

1. 剑各部位的名称

　　剑，是攻防兼备的武术器械。只有准确认识剑器各部位及其战术性能，才能正确运用和把握各种剑法的动作要领，充分发挥剑的特点，扬长避短，出奇制胜。吴式太极剑的剑把长度约20厘米。

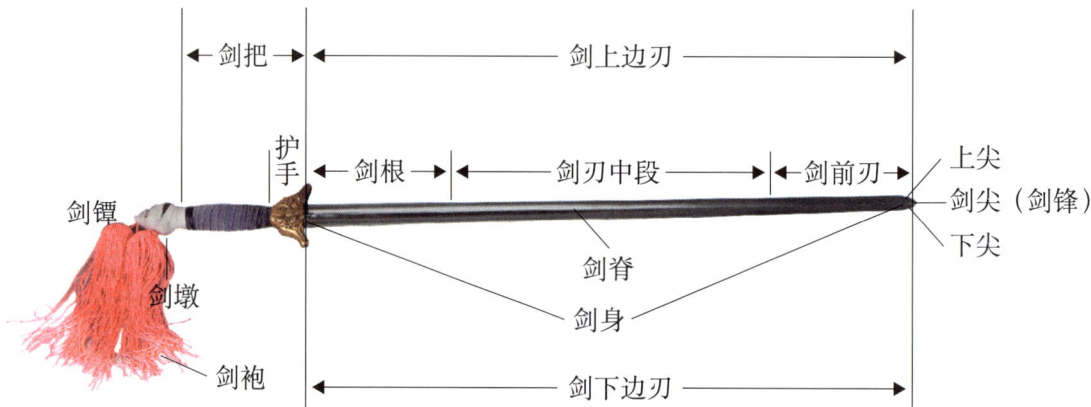

2. 剑各部位的战术性能

剑镡：是顶端锥形的铜螺母，可用尖头戳点对方的腕、臂、穴位等要害部位。

剑墩：一方面可防止脱手，另一方面可用于拨格对方的兵械。

剑把：供手握的部位。

护手：一方面用于截格对方的兵械，另一方面可保护自己持剑的手免受伤害。

剑身：主要的战斗部位，用于击、刺、格、洗等剑法。

剑尖（剑锋）：三向形两面刃，尖锐锋利，用于直刺、穿扎、剪腕、撩挑和上下崩点。

剑前刃（包括剑上边刃和剑下边刃）：全开刃，用于撩、扫、挂、搅等剑法。

剑刃中段（半开刃）：用于劈、砍、剁、挫、抹、架、带、斩等剑法。

剑根（不开刃）：用于截格对方的兵械。

剑脊：用于截格对方的兵械，也用于刺剑。

3．剑的选购

（1）平衡点

左手松握拳，拇指压在食指、中指的上方，指甲朝天，将剑身平置于拇指指甲上，其平衡点在接近护手二寸（约6.5厘米）处，为称手（得手）剑。注意不要购买头过重的剑，因为用起来会坠手，而且夺人中气，对人的健康不利。

（2）长度

左手反握剑把，剑尖朝上，剑尖与左耳成一直线；或右手握着剑墩，右臂平展，剑尖朝左，剑尖与左肩外侧相齐。练剑高手，可使用长剑，即将剑置于身前，剑尖朝下竖直，其剑镡与肚脐平齐为度。

（3）硬度

将剑尖朝下竖直，右手捏住剑墩用力下压，使剑身成弯弓形，松开右手后，剑身能弹直并恢复原状者硬度适合。弯曲度小则太硬，弯曲后不能弹直则太软。

（4）重量

常用剑，其重量一般在1.5千克以内。常言道："剑轻人耍剑，剑重剑耍人。"剑太笨重，极易夺人三宝（精、气、神）。

（5）护手

护手的效用是保护自己的持剑手。所以要选购卡口朝前的护手，这样既能卡住对方的兵械，又能保护自己持剑手的安全。此外，护手与剑把的连结处必须光滑，不要有棱角，因为有棱角的剑转动不灵活，容易损伤虎口。

4．用剑的安全

习剑者必须注意，剑有剑尖、剑刃，是两面有口的利器，不分正反面，非常锐利，不小心的话会误伤自己。所以，在用剑时必须严守操作规范，不可乱来。在舞剑时，决不可以用手抽拉剑刃或让剑刃过于靠近身体做盘头拦腰动作。在集体练剑时，互相之间必须保持安全距离，以免发生意外事故。

5．剑的养护

孔子曰："工欲善其事，必先利其器。"军人格言："爱护武器，如同爱护自己的生命。"凡剑术练家都应当妥善保养自己的剑器。

太极剑的养护方法：第一，应避免磕碰或磨损电镀层，以免生锈。第二，白光剑易生锈，应避免用手指触摸剑身。第三，剑用过后，用干净布或卫生纸将剑身上的灰尘擦净，必要时可在剑身上涂上少许缝纫机油，入匣后置于干燥处。

二、八大握把方法
Eight Ways to Hold the Sword

剑把的握法，其名称是根据握剑的手型而定，而握剑的手型，又是依据所使用的不同剑法、剑点的要求随时变换的。所以，剑把的握法要做到三得，即得手、得法、得利。

①

1.阴把

凡手心朝天，手背朝地（或手背大部分朝地）者，为阴把。（图1）

②

2.阳把

凡手背朝天，手心朝地（或手背大部分朝天）者，为阳把。（图2）

③

3.顺把

凡出剑时手心朝左（指右手握剑），拇指在上，小指在下（或手心大部分朝左）者，为顺把。（图3）

④

4.逆把

凡手心朝右（指右手握剑），拇指在下，小指在上（或手心大部分朝右）者，为逆把。（图4）

⑤

⑥

5.内把

凡手心朝里，手背朝外者，为内把。（图5）

6.外把

凡手心朝外，手背朝里者，为外把。（图6）

⑦

7.合把

两手手心相向握持剑者，为合把。（图7）

⑧

8.合把剑

右手握住剑把前端、左手握住剑把后端，两手手心朝里，剑尖朝上者，为合把剑。（图8）

握剑小窍门

握持剑把，不可满把攥紧，谚云："死把刀，活把剑。"持剑手通常以拇指、食指和中指，或拇指、中指和无名指为主，其余手指为辅（双手合把握剑时例外）。

持剑的手腕必须灵活，其窍门是：想象持剑手腕处戴有一只无形的手镯，或注意肘关节处的曲池穴，手腕自然就灵活了。另外，与持剑手相连的前臂向内旋或向外旋，与手腕的灵活性也有着密切的连带关系。

三、太极剑之剑指
Sword-Fingers of Tai Chi Sword

　　剑指是指练剑时不持剑的手所要保持的手型，通常又被称为剑诀。剑指的基本手型是：中指、食指伸直并拢，其余三指回屈于手心，拇指压在无名指和小指的第一节上（图1、2）。可能有的人的食指和中指会不严实，在练剑时两指梢会出现分叉。针对这种状况，纠正的办法是：用拇指压紧无名指和小指的梢节，空手心气贯指梢。这样，食指和中指就不会分叉了。

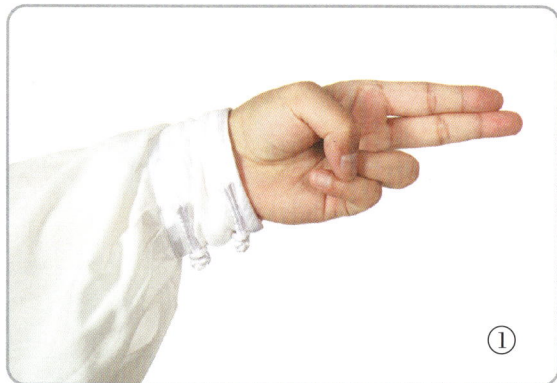

①

②

四、挽剑花
Sword Figure Technique

　　挽剑花，又名剑圈，是两势衔接中的过渡动作，是攻防兼具的方法。以手腕为轴心向进攻的方向抖出一种力，使得剑尖划出大小不等、形状不同的弧形或圆圈，称为搅花、又名打花、绕花、挽花。

　　剑花的大小全凭腕、肘、腰三部分的转动和步法的配合。比如，手腕拧一下转出的剑花，可像碗口一样大，也可以像水桶一样大；肘节转一下，剑花可像车轮一样大，也可以像桌面那样大；腰部扭一下，再加上步伐，这个剑花大得可以和桥洞相比。

　　一套完整的剑路必有各种不同形状的剑花，如果能将这许多剑花均匀快速地衔接为一体，围绕周身的四面八方，使剑花旋转之间无空隙可入，长此锻炼下去就能达到"只见剑光不见人"的高深境界。

　　常见的剑花有以下几种：

1. 平面花

又叫云顶，就是在自己头上划一个圆圈。

【做法】剑尖向前，平面向左，由右经右后向前（像摇晃旗子一样）。用阴把剑攻对方，称顺挽平面花；倒转方向称逆挽平面花。

2. 立花

又叫迎脸圈，就是在自己正前方划一个圆圈。

【做法】剑尖向前，由左向右抢一个圆轨迹（像用笔在墙上画一个圆圈）。不论什么剑把，均叫顺挽立花；倒转方向则称逆挽立花。

3. 旁花

又叫侧圈，就是在自己左（右）侧划一个圆圈。

【做法】剑尖向前，在左侧旁向下、向后，由上复向前，再向下、向后、向上复向前（这样不停地运转状态，就像小孩跳绳一样）。用顺把叫顺挽旁花，倒转方向称逆挽旁花。

4. 多种形剑花

就是在自己周身前后、左右、上下环绕，任意划圈，再配合上"身随剑走，剑掩身形"的身法、步法和眼神等协调动作，形成多种形状的剑圈。

【做法】快速连续交错的动作，加上多种形状的剑花，像连环一般套在一起，这说明大小剑圈的角度和形状是有内在联系的。

剑花是击剑术的精华

行剑圈的目的，就是抄近路攻取对方，或声东击西，或格开来械，紧接着就是还手或将对方逼至死角，自己先占据有利位置。如：人拿花枪刺我，我先用剑掠去其锋芒，即用上半个剑圈（由左向上、向后），紧接着还击，即用下半个剑圈（由后向下、向前）。此时，对方已被我逼近，他只剩后半截可把，除能用推术之外，已无力还手了。所以，剑圈不是浮光掠影，而是剑术之精华。

使用这种技巧，重要的是镇定不乱，乘隙而入，冷静沉着地审度来势。有时还要故意让来剑入怀，但这就需要较高的躲闪避让的功夫，才能达到随心所欲的目的。

五、练剑基本功
Basic Skills of practice

基本功是练习吴式太极剑的重要环节，只有将基本功练扎实了，才能更好地表现剑术的精妙和美感。

1. 基本步型

(1) **弓步**：分为川字步与隔步两种。川字步，前腿全脚着地，屈膝前弓，膝部不得超过脚尖，另一腿自然伸直。两脚尖均朝前，后脚尖外撇不得超过20度，两脚外缘横向不得超过肩宽，两脚前后距离和横向间隔均为一脚，脚心落于长方形的纵向对称角上，形成"日"字（图1-1）；隔步，一腿屈膝支撑体重，另一腿朝侧伸，距离为半脚，横向间隔为一脚半，两脚尖均朝前，脚心落于长方形的横向对称角上，形成"曰"字（图1-2）。

(2) **虚步**：一腿屈膝支撑体重，另一腿微屈脚尖点地，膝上提，自然置于支撑腿外侧。（图2）

① -1

① -2

② 侧面

②

(3)**仆步：**一腿全蹲，膝与脚尖稍外撇，另一腿向异侧自然伸直，直铺接近地面，脚尖内扣，两脚着地。从横向上看应一脚略在前，另一脚在后，两脚纵向间距以不超过20厘米。（图3）

③

(4)**马步：**分为外八字与内八字两种。两脚开立下蹲，间距约2～3脚宽，两脚外撇或内扣约30度，两膝与脚尖朝同一方向，膝与脚的垂直方向不可超过脚尖。（图4-1、4-2）

④ -1

④ -2

⑤

⑥

⑦

(5)**独立步**：一腿自然直立，另一腿屈膝上提，大腿稍高于腰部，脚尖自然下垂。（图5）

(6)**丁步**：一腿屈膝半蹲，重心放在屈膝腿上；另一腿以前脚掌点于支撑脚内侧，两脚间隔约20厘米。（图6）

(7)**歇步**：以前脚脚掌为轴，脚跟向前推进成横向，全脚着地。后脚脚尖向前，脚跟离地，膝部贴在前腿的小腿外侧形成交叉，臀部接近脚跟。（图7）

2. 主要腿法

　　所谓腿法，是指用腿脚攻击对方的方法。在太极剑的套路中，虽然用腿攻击的次数不算多，但是，吴式太极剑的步法特点是以一条腿支撑体重，另一条腿则随时可以抬起进行攻击以加强剑术的攻击力度，可以说是"明腿不多，暗腿皆是"。

　　分腿是吴式太极剑中最为常见的一种腿法。支撑腿微屈，另一腿屈膝上提，随之向上摆动小腿，绷脚面舒伸脚尖，腿自然伸直，脚不低于腰部，力点在脚尖。（图1）

①

3．身法要求

人的身体分上、中、下三盘。上盘包括头和颈，中盘包括躯干（由肩到胸、腹），下盘是由胯到脚。吴式太极剑的身法对这上、中、下三盘共有九点要求，即提顶、松肩、沉肘、松腰、收臀、抽胯、裹裆、含胸、拔背。

（1）提顶

提顶为上盘功夫，也是最主要的功夫。提顶，可以把人的精神提起来，功夫上身且立竿见影。提顶要求"尾闾中正神贯顶，满身轻利顶头悬"，"立身中正，方可支持八面"。具体的方法是意想尾骶骨回找（从身前往回找）鼻尖，眼睛平视前方。提顶用意不能过大，只要百会穴处微微有点意感就够了。若用意过大，身体就会不稳。这是最基本的要求。

（2）松肩

松肩的作用和目的是为了把全身的力量传到手上去，并传至对方身上，因为手（梢节）会直接跟对方接触。只有真正做到松肩，才能把攻击力传到对方身上。如果不松肩，肩关节是僵滞的，手上的力就无法传出去，即使握紧了拳头，手臂也是发飘的。如果把肩关节放松，手上的气血马上就会贯通。所以，在练习的时候，要求松肩。

（3）坠肘

也叫沉肘。坠肘与松肩有密切的连带关系。因为肘为上肢的中节，手为梢节。要使全身劲力达到手上去，在松完根节（肩）后，必须通过中节才能到梢节。所以，中节必须松沉。如果只是肩松了，中节没有松沉，那样气血就会倒回到肩关节上。所以，肘必须松沉，肩一松，肘一沉，气就到手上了。手心一空，气贯指梢。

（4）松腰

太极拳运动的最大特点是转腰，以腰的运动带动四肢运动。所谓"太极拳，转腰圈"，转的就是腰间的太极圈。腰被视为太极，因为肾的形状像蚕豆瓣。左肾高，右肾低，两个肾并拢在一处，酷似左阳右阴的双鱼形太极图。太极拳的劲力由腰发于两仪，再由两仪发于四肢，此为心法；由四肢八节发于手足指（趾）节，此为手（足）法，最后以身法现四肢。因此，身法的源头在腰间，"腰为轴，四肢为轮"，以轴贯轮，轴带轮动。

（5）收臀

当腰部肌肉松开以后，臀部肌肉自然也就放松了，臀部肌肉往下一松，尾闾自然松垂，尾闾松垂，脊柱就中正了，就达到了"尾闾中正神贯顶，满身轻利顶头悬"的要求。收臀也叫敛臀，指臀部不得突出。收臀就是为了使臀跟脊柱上下保持在一条直线上。诀云："立身中正，方可支撑八面。"臀部一收，则气沉丹田；臀部外突，则气涌胸腔。太极剑与太极拳一样，要求空胸实腹，上虚下实，使重心降低，底盘稳固。因太极拳与人交手时要保持自身的稳定，破坏对方的平衡。所以，收臀也是技击应用的要求。

（6）抽胯

胯关节上连腰部下连腿，是人身体的底盘，能调节步幅的大小。换步时胯的动作正确，骨盆就能托起脊柱，以保持身体的正直，所以抽胯还可弥补松腰的不足。如果是左弓步，则左腿侧胯根往回抽一抽，右胯往前送一送，这样肩与胯上下才能对正；前面鼻尖对准前脚大趾甲，后面尾骨端对正后脚跟，这样右手才容易发力。右弓步与左弓步的抽胯要领相同，只是姿势相反。

（7）裹裆

通常的裹裆法是，肚脐往里收，气从命门出，一分为三岔。其中的两股分向左右横绕腰间返回肚脐。另一股则从命门向下，经尾闾，过裆部向上兜起，返回肚脐。这样的裹裆，与松腰、收臀有着密切的连带关系，为的是使气聚丹田。

（8）含胸

胸部是保护内脏的身体部位。练习含胸，并非意指把两肩向前合，因为那样会形成驼背而压迫内脏。这里讲的含胸是含苞欲放之意，也是含蓄的意思。练习含胸可采取三种方法，其一是意想两乳头垂直向下引，将两股细流引送到小腹，但不可太靠下，太靠下反而会把脊柱拉弯的。这实际就是空胸实腹、上虚下实的要求。含胸又叫做"西山悬磬"。第二种方法是，把锁骨放松，胸部就空了。第三种方法是，意想两肺尖上的气户穴如通气孔，使内外气相通。这样，胸部也就放宽了。含胸即空胸之意。上述三种方法，可采用自我感觉较好的一种。

（9）拔背

拔背在技击应用上，也属于身弓，位置在大椎处，面积约10平方厘米。拔背的方法是：想象这块面积的皮肤与自己的衣服相贴，那就拔背了。拔背并非故意抽拔，因为用意太大了也不行，拔得太过，身子就会摇晃。拔背与含胸是相辅相成的，它可以挽救含胸过大，避免拉弯脊柱。

第三章

吴式太极剑

【四十式剑谱】

40 Techniques of Wu's
Tai Chi Sword

Tai Chi
Playing

太极起势

本文中的东、南、西、北是指上北、下南、左西、右东。

① ② ③

1·无极势

面南站立，两脚成平行步。头颈正直，面容端庄，两眼平远视，舌舐上牙根，自然呼吸，全身放松，身心虚静，做到"虚领顶劲、气沉丹田"。左手倒握剑，剑身贴于左臂外侧，食指尖贴在剑袍的上部，手背贴在左腿外侧正中。右手握成剑诀，手心朝里，垂在右腿外侧正中。（图1）

2·坐步出剑

左手执剑，以剑镡向右前斜上，手背朝里，食指中节对正鼻尖。左臂弯曲，剑平贴于小臂外侧朝上。同时，剑诀亦向左前斜上，两指尖贴于左腕处，手背对胸口。同时，右膝松屈，重心右移，左脚前迈，成右正步坐势。视线向正前平远视，意在剑镡。（图2、3）

④ ⑤ ⑥

3·弓步打挤

　　剑诀向前推进至左手背处，指尖对鼻尖。左手下落，左臂与肩平呈半圆形，剑刃垂立。同时，左脚落平，重心前移成左正步弓势。意在剑诀。（图4）

4·转身坐步

　　剑诀向右前上，右脉门至剑镡处，视线随右食指尖动，尾闾微后下，身体向右转，右脚跟回收。同时，右手往外翻转，手心朝里对鼻尖。剑镡顺右小臂下至中间，左手心朝外，再扬右脚尖，脚跟与左脚尖成左正步坐势的间距，面朝正西。意在剑诀。（图5、6）

⑦

⑧

⑨

5·剑镡打挤

左手用剑镡向前推进至右腕脉门处，剑镡对鼻尖。同时，右手微下，脉门贴于剑镡，右臂与肩平呈半圆形；右脚落平，弓膝，重心前移，左脚跟外展45度成右正步弓势。视线向正前，意在剑镡。（图7）

6·坐步回收

剑诀向右前舒展，手心翻向外，小臂伸直，左手手心向下以剑镡贴于右脉门处并随右臂移动（图8）。左膝弯放松，重心后移成坐势。同时，松右肘，以剑诀往后下捋；尾闾后坐，扬右脚尖。左手执剑镡在右腕处随其移动。视线随右食指动，意在剑诀（图9）。

⑨正面

7 · 弓步前伸

接上个动作，当右臂肘尖移至右肋旁时，小臂后撤，手心翻向上。然后，向左转身，剑诀向前伸至左脚尖前的上方，同时右脚落平，再向右前上舒伸与两脚心成一垂直立面。左手随右手动。同时，重心前移成右正步弓势。视线随剑诀动，意在剑诀。（图10、11）

⑫ 正面

⑩　　　　　　⑪

⑫

8 · 坐步后指

左膝弯放松，重心后移成坐势。同时，松右肘、右腕，指尖向后转，右手过右脚的上方后，扬右脚尖；左手随右手动，视线随剑诀动，向右转，右手到右肩前，腕与肩平，指尖朝北。意在剑诀。（图12）

⑬

⑭

⑮

⑯

9·扣脚前按

右脚尖内扣45度朝南落平。同时，剑诀顺右脚前落的方向按出，身向左转，然后右手剑诀再向右前转动，带动重心移至右腿，屈膝半蹲，左腿舒直。视线随剑诀动，左手随右手动，意在剑诀。（图13、14）

10·转身拨剑

左手握剑把向下外拨至正东与胯平。同时，右手松腕提至右耳旁，视线随右食指，身体向左转45度，收左脚，再向左移半脚宽，脚尖着地，扬脚跟。意在剑镡。（图15）

11·弓步进诀

剑诀顺左脚尖方向前指，过左脚上方时脚落平，然后继续向前指，手心向前，高与喉平。同时，左手心向外，剑身贴臂，剑镡下垂在左腿外侧。左脚落平后，弓膝，重心前移，外展右脚跟成左正步弓势。眼向正前平远视，意在剑诀。（图16）

⑰

⑱

⑲

12 · 右侧展臂

剑诀向右外平指，手心渐翻下，至右脚上方时收右脚跟，再向右后方平指直至正西，展左脚跟，重心移右腿。同时，左手心朝后，臂上举至与肩平，剑身贴于臂后。视线随剑诀动，胸朝南，意在剑诀。（图17）

13 · 点步平圈

两手一齐向身前屈臂回拢，手心朝外，高与肩平。剑诀贴于左手手背。同时，左脚回收至右脚旁，脚尖点地成点步。视线正前平远视，意在剑尖。（图18）

14 · 用袍拨剑

左手执剑把走上弧至左前，食指松开把剑袍甩出后，左手再用剑把左下拨至左腿外侧，同时，右腕松垂上提至右耳旁，身随视线左转。（图19）

㉑

15 · 弓步进诀

动作同11。（图20）

16 · 下按上步

　　剑诀向左前下，指与膝平，视线随剑诀动，上身微前俯。同时松左肘，小臂上举，剑镡向上至左耳旁，抬头，立腰，右脚回收至左脚旁。意在剑诀。（图21）

㉒

㉓

17 · 弓步进镡

　　右脚向前迈步，左手用剑镡向右脚上方指出，过右脚的上方时脚落平。剑镡继续前进至臂舒直，高与喉平，剑平贴于臂外。弓右膝，重心前移成右正步弓势。同时，剑诀向右后下落，垂于右腿外侧。视线向正前方，意在剑镡。（图22）

18 · 用袍拨剑

动作同14。（图23）

19 · 弓步进诀

动作同15。（图24）

20 · 右侧展臂

动作同12。（图25）

21 · 点步平圈

动作同13。（图26）

㉔

㉕

㉖

分剑七星

①   ②

1·接剑前伸

　　右手从左手上方绕至握柄处接剑，用剑前刃平着向前伸斩，左手微向前送出一段后变为剑诀前指。两手与肩平，手心都朝下。视线正前平远视，意在下前刃。（图1）

2·右侧平斩

　　右手持剑（以下简写为右手剑）用前下刃向右平斩，视线随剑尖动，剑诀向左展，两臂呈一直线，左右分开。意在下前刃。（图2）

③

3 · 出步压剑

　　左脚前迈，脚跟着地。右手剑立剑刃下落；左右两手同时下至两腿旁。视线随剑尖动，意在下中刃。（图3）

4 · 弓步撩托

　　右手剑用下中刃向前上撩托，手心朝里，剑身要平，高与喉平。同时弓左膝，重心前移，剑诀往上贴于右腕处。眼顺剑尖向右远视，意在下中刃。（图4）

④

⑤

⑥

⑦

5·双手立剑

右手坐腕下落与腹平，剑尖向上直立，剑刃左右分向，剑诀贴在剑镡下面。视线随剑动，意在剑尖。（图5）

6·左下按剑

右手剑以下前刃向左下平落，手心向里在左膝前。剑诀跟随其下并指向右手虎口处，视线随剑尖动，意在下前刃。（图6）

7·推剑插步

右手剑以下中刃向上平推，手心朝外，剑与额平。剑诀随动，指右腕。视线随剑尖动，意在下中刃。同时，身体向下蹲，右脚从左脚后往左伸至极度，脚尖着地与左脚尖东西成一直线。（图7）

8·七星望月

右手向右上方移剑镡，至右前45度的位置，剑身平；剑诀向左平指。同时，起身，将重心转移至左脚，右腿向上抬至大腿与上身成水平状，小腿斜上，脚心朝天。眼神向左上方远视，意在剑诀。（图8）

⑧

上步遮膝

On the step-by-step to Protect the Knee

①

②

1·歇步压剑

右手到左膝前以剑中刃下压，剑诀随下至右腕。同时，身体向左下俯，右脚落在左脚侧后成歇步，视线随剑尖。（图1）

2·虚步撩剑

身体向右转，朝向西北方，右手剑以下前刃从右膝外向右前上撩，虎口朝下，剑尖与膝平。剑诀随动，指右手背。同时，上身直立，右脚前出，脚尖点地成虚步，视线随剑尖动。（图2）

技法应用

用剑下压对方刺向我下盘的兵器，再向右前反剑上撩对方之膝，并遮护自己的膝下部。

第四式 Turning
Round and Chopping

翻身劈剑

① ②

技法应用

如果对方从左后袭击，则向右转身用剑前刃劈其面门。

1·提剑长身

右手向上提剑柄，同时向上长身，剑诀随右手动。提右膝。（图1）

2·翻身劈剑

向右翻身，右手从上向右前用剑前刃下劈，高与面门平，手心朝左。剑诀上举至头部上方，手心斜朝外，视线随剑尖动。同时，右脚收脚跟落平，脚尖朝东，弓右膝，左脚开脚跟，成右隅步弓势。（图2）

Step Forward to Get Knee

进步取膝

1·转身拉剑

剑诀变向西北指，稍低于肩。同时，向左后转身左脚跟回收，弓膝，重心移左腿。右手剑微下落，低于肩。（图1）

①

2·弓步取膝

右手剑以下尖从右外向左前下扫。同时，右脚往右前上步，落脚并弓膝，重心移于右腿，收左脚跟成右隅步弓势。剑随身动至右膝右前方与膝平，剑刃斜朝左下。剑诀下至右腕，视线随剑动。（图2）

技法应用

对方攻击我左后的空隙，我剑诀虚晃后，上右脚，用剑的下尖去割其膝关节的半月板处。

②

Tiger lying in front of Door

卧虎当门

① ②

1·向左转身

身向左转，收左脚跟，弓左膝，重心移于左腿。同时，右手剑柄上提，用剑的下边刃上抹，视线随之。剑诀向左打开并置于腰腹前。（图1）

2·抽剑平托

右手剑以下中刃向左斜上拉平,视线随剑尖动。右大臂平，屈肘，立小臂，手心朝里,剑诀在剑镡处随动。同时，收右脚至左脚旁，脚尖点地成点步。（图2）

技法应用

对方从南面劈来，我即转身朝南，用剑中刃往左上抽托，迎其腕部。

Golden Bell Inverse Hang

倒挂金铃

技法应用

对方向左躲闪，我向右转身挂剑，进步蹲身用剑压其兵器，使剑贴身而出。提膝躲过脚下的兵器，用剑前刃向前外提撩或在外贴其兵器而上，削其手指。

①

②

③

1 · 转身立剑

右手剑把下落，剑诀随下，两手在左肋旁，剑身直立。同时，向右半面转身，重心微降。（图1）

2 · 并步压剑

右脚向右前迈出，脚落平，朝西北。弓右膝，重心前移。左脚随即并拢于右脚旁，身体下蹲。同时，右手剑尖向后落，以剑根下压于左小腿旁，抬头提顶。（图2）

3 · 独立提膝

右手反腕用剑下前刃向上提撩，身随剑起，左腿直立。提右膝，右手高于头部，剑身斜下，视线随剑尖动。剑诀随至腹前，手心朝外，向右脚尖前下指。（图3）

Pointing
Sharp Sword

指裆剑

虚步反刺

左膝松力，半蹲，右脚尖落地。同时，右手剑以剑尖下指，至与裆平。剑诀上至右腕，视线前下。然后，右手剑以剑尖及前刃向前反手刺出，腕微外挑，肩臂松力。剑诀在右臂前伸后，贴于右小臂中部。同时，重心微降，右脚落平虚着地，视线随剑尖动。（图1）

技法应用

剑下落时，要先插入对方兵器旁，再向前反刺其裆。

①

Chop Mountain and Deprive Sword

劈山夺剑

①

②

1 ▪ 虚步上崩

尾闾微下沉，腰往后松。同时，右手坐腕，肘尖下垂，以剑尖翻转上崩，高与眼平。剑诀贴于右手脉门处，视线随剑尖动。（图1）

2 ▪ 旋腕翻点

右手腕向外前旋转，以剑尖下划一小圈向前平削。同时，上身微提，剑诀随动，视线平前。（图2）

③

技法应用

　　重心微微下降，剑尖上崩对方握兵器的手指，随即旋削其腕，再向后挑隔开对方兵器，上步插入对方两腿中间。

3 · 叉步翻剑

　　右脚往左前方上半步，弓膝，重心前移。同时，剑诀指向左上方，右腕外翻，虎口朝上，以剑上前刃从下向后挑。眼神随剑尖向右后看，带动上身向右转。（图3）

4 · 上步劈剑

　　右手剑的前刃转上，再向右前（西北）下劈与面门平。同时，左脚往左前上步，弓膝，重心前移，成左隔步弓势。视线随剑尖动。（图4）

④

第十式 Contrary Squama Fight
逆鳞刺

① ②

1·夺剑回抽

　　右脚向前至左脚旁，脚尖点地，上身微前探，重心下沉。同时，双手握剑并向左下回抽至左胯外，以剑身向左后下撤。视线从剑尖处向前。（图1）

2·上步直刺

　　双手握剑用剑尖向右前微上直刺，身随剑动，右脚往左前上步，弓膝，重心前移，收左脚跟成右隅步弓势。剑尖继续前刺，至双臂伸直，剑尖与喉平。剑诀指向身后，视线随剑尖动。（图2）

技法应用

　　随着身法变动，剑往后外下撤，拨动对方兵器后，立刻上右脚踏在其腿旁，以剑尖刺其肋至喉。

Turn Body Back and Point

回身点

1·转身回剑

右脚尖往里扣，尾闾往右下转。视线离开剑尖向左移，带动身体左转，收左脚。同时，右手剑的剑尖下落至右膝外，剑诀往下经左膝上至左肘里侧。（图1）

2·弓步点剑

右手剑以剑尖引领往左前上。同时，左脚往左前上步，弓膝，重心前移，展右脚跟成右隅步弓势。同时，剑尖继续上提，松腕用剑尖下点，与鼻平，剑身与臂要直。同时，剑诀搂左膝后，向左前上过顶至左眉梢斜上方，屈臂呈半圆形，视线随剑尖动。（图2）

①

②

技法应用

对方如绕至我背后，攻击我头部，我转身躲过，用剑尖向上挑其手腕后，用剑尖点其面部。要做到剑身与臂尽量舒长，意念、神气贯至剑尖。

Peigong
Cutting the Snake

沛公斩蛇

②

①

技法应用

对方从左前方袭击我头部，我
向后仰身躲过，并用剑前刃上翻削其
手，随即旋腕向前下攻其下盘（注意
左腿尽量下蹲，但不能弯腰撅臀）。

1 · 仰身云剑

右膝弯松力，重心后移，向后仰身，收左脚
跟。同时，右手坐腕向右抽剑柄，手心朝外，以剑
前刃往后回，剑尖从面前上方掠过，仰头视之。剑
诀亦向左回撤，坐腕，指尖上指，手心朝外，两臂
左右分开，两腕略低于肩。（图1）

2 · 虚步平斩

右手旋腕至前下与膝平，以剑前刃往右转半
圈，再平剑下斩。同时，左脚跟往右转正屈膝下蹲，
右脚往前迈出，成一字步，两脚尖朝东。剑诀至体前
与右腕平，手背都朝下。眼神下前视。（图2）

47

Turning
Round and Lift up

翻身提斗

①

②

1·长身提剑

　　右手向上提剑把，手心外翻，剑尖下垂。同时，长身起立，左腿站直，右脚虚着地，使剑根部在右肩外，剑诀上贴于右小指根部，眼神从剑根向外看。（图1）

2·旋腕立剑

　　将重心转移至右脚，以该脚为轴心，身体向后转180度。同时，右手旋腕，虎口朝上，使剑尖往上旋转半圈，朝上立剑。右大臂下垂，小臂平，剑诀贴于右拳面，视线平前。（图2）

技法应用

如对方转至我背后，用兵器袭击我头部，我即长身起立，用剑根拦接，再往后旋剑尖削其手。转过身蹲压其兵器，当对方退时，起身用剑中刃上撩其握兵器的手。

③

④

3 · 并步压剑

身体下蹲，右手剑以中刃下压在左膝外侧，剑诀贴于右手背。视线向前。（图3）

4 · 提膝撩剑

右手剑以中刃向外上提撩，虎口朝下，右臂舒直。同时，长身站直，左腿独立，右膝上提，小腿前抬。剑诀向前下指，手心朝外。眼正前平视。（图4）

49

第十四式 Monkey stretches Arms

猿猴舒臂

①

技法应用

　　我向前落右脚，用剑尖刺对方下盘。如果我的头部右侧受到攻击时，上步探身，用剑根部向外后贴拿其兵器。上左脚锁住对方退路，用剑尖直刺其上部。

1·坐步下刺

　　弓左膝，右脚往右前虚落地。同时，右手剑以剑尖向左前斜下刺，虎口朝下与腰平。剑诀贴于右腕，视线左前下随剑尖动。（图1）

2·歇步架剑

　　左脚伸向右脚的右后方，脚尖着地，双腿下蹲成歇步。同时，右手向右上提剑把，使剑根部至脸右侧，剑诀随右腕向上。眼从剑根处向右外看。（图2）

②

④

③

3 · 进身抽剑

起身并将身体重心转移至右脚，左脚向前上步，脚跟着地。同时，右手剑以剑根部向右后下抽撤至右肩外，剑尖斜向上，手心朝外，剑诀随至右手虎口下。眼神从剑根向右外看。（图3）

4 · 上步斜刺

右手剑以剑尖向左前上方斜刺，手心朝外，臂舒直。同时，身随剑动，左脚尖落地，弓膝，重心前移，成左隅步弓势。剑诀贴于右手腕下，眼神顺剑尖远望。（图4）

樵夫问柴

1 · 反臂接剑

　　身体右转，扣左脚尖，朝东北，右脚尖点地。同时，两臂举过头顶随身体转动。（图1）

2 · 提膝转身

　　右膝上提，左腿独立，身向右后转，眼神朝东北远望。同时右臂弯曲，右手剑在右肩上边平落，剑尖向西南平指，剑诀移于剑镡之后。（图2）

技法应用

　　右手以剑前刃接贴住对方兵器后，转身一周，提臂待发。

①

②

单鞭索喉

Single Whip
Control Throat

技法应用

我右脚在对方身前下落，展右臂，弓右膝，用剑尖直索其喉。

1·撤步托剑

右手剑向前移动，右脚往左后撤步，落脚尖，虚着地，脚尖转朝右前方。（图1）

2·弓步反刺

右手剑的剑尖向右前直刺，臂舒直，手心朝上。同时，转身向右，弓右膝，重心移于右腿。剑诀斜向后伸指，手心朝上。（图2）

①

②

第十七式

Turning
Back and Sword up

回身撩剑

① ②

1·转身劈剑

剑诀向东北，同时，身体向左转，收左脚跟，视线移向剑诀。展右脚跟，两脚尖朝东。右手剑以前刃从右后经斜上方向左前劈去，与面门平，右臂舒直。在劈剑的同时，剑诀搂左膝后往左前上，屈臂成半圆形，指尖在左前外上方与左眉梢相对（以后都简写为剑诀至眉的外上方）。（图1）

2·背步撩剑

身体微右转，右脚往左脚前迈出，斜横落地，朝脚尖方向弓膝，重心移前腿，左腿舒直成背步。同时，右手剑以前刃撩向右斜后方。视线随剑动，身体向右后转，剑诀向下经右膝前再向后至右臂弯处。（图2）

3 · 上步劈剑

右手剑以前刃经斜上向左前方劈剑。视线随剑动，身向左转，同时左脚往左前方上步。弓膝，重心前移，剑诀随之搂右膝，左膝后向左前至左眉梢外上方。（图3、4）

③

④

⑤

⑥

4·回身撩剑

剑诀下至右手腕。同时，右膝上提，左腿独
立（图5）。右脚往右后撤步，脚尖落地，收脚
跟，弓膝，重心移于右腿，展左脚跟。同时，右
手剑以前刃向西南反手往后上撩平，身体随剑
动。剑诀随至右臂弯处（图6、7）。

⑦

技法应用

接上势，我左后方为空隙处，对方乘虚而
攻，我转身随即用剑前刃劈其面部，继而上步
往右后扭转，侧身反撩对方的裆部或握兵器之
手，连续动作相同。

第十八式

卧虎当门

Tiger lying in front of Door

技法应用

　　对方从南面劈来，我即转身朝南，用剑中刃往左上抽托，迎其腕部。

①

②

1·向左转身

　　身向左转，收左脚跟，弓左膝，重心移于左腿。同时，右手剑柄上提，用剑的下边刃上抹；剑诀随剑柄动。（图1）

2·抽剑平托

　　右手剑以下中刃向左斜上拉平，视线随剑尖动，胸向正南。右大臂平，屈肘，立小臂，手心朝里，剑诀在剑镡处随动。同时，收右脚至左脚旁，脚尖点地成点步。（图2）

Boatman
Shack Scull

第十九式

艄公摇橹

①

②

①正面

1·转身下剑

　　右手剑以剑尖向右下回刺，视线随之。身向右转，右脚往右前横出。脚尖朝西，屈膝，重心前移。剑诀贴剑镡处。（图1）

2·叉步平斩

　　右手伸臂往左前，以剑前刃向右前斜上平斩，剑与喉平。视线及身随剑转动至西南，剑诀随剑镡动。（图2）

顺水推舟

②

①

1 · 沉剑上步

　　右手剑以剑根平着往下沉至腹前，剑诀亦随落，重心微降。同时，左脚往前虚上，视线顺剑尖向前。（图1）

2 · 弓步平刺

　　右手剑以剑尖向前伸出，重心随之前移。右脚再往前上一步，弓膝，成右隅步弓势，脚尖朝南。同时，剑尖继续向西南平剑刺出，与喉平。视线在右前平处。剑诀与剑镡分开后向左后平伸，略比肩低。（图2）

Hit the
Middle of Eyebrows

眉中点赤

①

②

1·坐步左截

屈左腿，重心后移，右脚变虚。同时，右手剑以前刃向左前上截阻，高与眼平，视线随之。剑诀往下落，贴于左肋，手心朝上。（图1）

2·抹剑右挡

右手屈腕向右，手心朝下，以剑根之上刃至右肩前方。同时，向右转身。眼神从剑根处斜上看。剑诀移于右小臂。（图2）

4 · 上步点剑

右手再往右后下划一弧至右肋，以剑尖向前引领。同时，左脚往左前上步，脚尖朝东、弓膝、重心前移。同时，剑尖继续向前上，将过顶时，松腕以剑尖下点，对正两眉中间。眼神从剑尖前看。在上步的同时，剑诀从右小臂搂左膝，再至左眉梢斜上外方。（图4）

3 · 转剑搂膝

右手往右外上翻转，手心朝外，用剑根外拨。视线、身体亦右转。重心移于右腿，剑诀随动。（图3）

技法应用

如果对方攻击我左上部，我即往后坐身，用剑前刃向左前削其手，再用剑根之上刃往右上方截抹对方执兵器的手腕。外拨下压后，上步弓膝，用剑尖点对方眉间印堂处。

反剪腕

①

②

1 · 回头反剪

右手往后撤，坐腕以剑上尖向后反剪到右肩之后外，臂微弯曲。同时，身微前移，往回转身回顾剑尖，剑诀贴手腕处。（图1）

2 · 撤步走剑

右手剑向后移动，剑诀随动。同时，重心移于右腿，左脚顺右脚跟斜后撤，视线顺剑尖移动。（图2）

第二十三式

翻身劈剑

技法应用（第二十二、二十三式）

如果对方用手抓（击）我后背，我即转身躲过。同时，用剑上尖往右后反剪其腕。再往后走剑穿入对方兵器下边；举剑长身格开其兵器后，右脚插落在对方步中，落剑下劈。

①

②

1 · 扬剑提膝

两手握剑，剑尖上立，旋转钻天。起身体，提右膝，以左脚跟为轴往右转。长身向上起，面朝东北，脚尖朝北，视线平前。（图1）

2 · 弓步劈剑

右手握剑，以前刃向右前方（东北）下劈，与面门平。同时，右脚往右前落地，弓膝，重心前移，成右隅步弓势。剑诀指向左眉梢斜上外方。视线平前。（图2）

玉女投针

① ②

1 · 虚步左架

屈左腿，重心后移。同时，两手握剑把下撤至右膝前，剑尖斜上翘，视线平前。然后，右手剑向左划弧。同时，左转身右脚变虚步，视线随剑动。左手松开剑把后变为剑诀，下至左肋处，手心朝上。（图1）

2 · 翻剑外转

右手剑以剑根向右后翻转外拨，同时，右脚往右前迈，弓右膝，重心移右腿。视线、身体皆右转，剑诀指向右手腕。（图2）

③ ④

3 · 弓步左刺

右手剑从右后经右肋下穿出，以剑尖经左脚上边向正北平剑下刺，剑尖与左踝平。剑诀向前搂左膝，左脚往左前上步，重心前移，成脚尖朝东的左隅步弓势。剑诀搂左膝后，向左前上，至左眉梢斜上外方，视线随剑动。（图3、4）

技法应用

如果对方有前进之意，我坐身翘剑尖拿起对准对方，再向左上方削其握兵器之手，继而经右外拨，上左步用剑尖下刺其脚踝。

Turning Round
and Continuously Hitch

翻身连环挂

①

②

1·转身压剑

　　视线向左后转，扣左脚尖，向右后转身，收右脚跟，弓右膝，重心移右腿。同时，右手剑以剑根下压，再往右上提剑镡至腹前，剑尖朝后，剑诀扶右手手背。（图1）

2·提剑前踹

　　右手上举，以剑中刃向右上提抹。长身，右腿独立，左脚横脚往前踹出。剑诀下指左脚心，视线经剑尖向前下。（图2）

　　技法应用（第二十五、二十六式）

　　我转身压剑，用剑中刃贴对方兵器上面，抬左脚踹其膝，再落于对方前方，用剑尖下刺后，再用剑向左后挂，拨出对方兵器，随即弓步用剑前刃劈其面门。

迎门剑

①

②

1·落脚插剑

　　右手剑以剑尖向前下指。同时，左脚落平，脚尖朝南，弓膝，重心移至左腿。剑诀贴于右臂弯处，视线随剑尖动。（图1）

2·后挂前臂

　　右手从左手背之外往后，两臂交叉，以剑前刃向左后挂，剑尖伸至极度。视线随剑动，身向左转，右脚跟虚起，剑诀在右肘之下（图2）。右脚往右前上迈，落脚尖朝南，右手剑下刃翻转朝上。随后以前刃经斜上方向右前上撩。同时，弓右膝，重心前移，成右隅步弓势。剑诀随至左眉梢外上方。视线随剑动（图3）。

③

Tiger
lying in front of Door

卧虎当门

①

②

动作同第十八式的卧虎当门。

1 · 向左转身 （图1）

2 · 抽剑平托 （图2）

第二十八式

海底擒鳌

Catching Turtle Under the Sea

① 正面

技法应用

　　我转身用剑尖向右后穿下，拨对方兵器。再把剑从对方怀中掏上来，配合扣步与蹲身同时下压其兵器或手腕。

② 正面

①

②

1 · 掰步右穿

　　右手剑以剑尖向后右穿，视线随动，身往右转。同时，右脚尖往右后掰步，重心移于右腿。左脚跟虚起，右手剑继续往右穿至极度。剑诀指向左上方。（图1）

2 · 转身压剑

　　右手向上划大弧，剑刃上扬，引体向上。身体右转，左脚提起落于右脚旁，重心移至左腿，右脚虚起转脚跟，脚尖点地。同时，下蹲，右手剑以中刃下落，平压于左膝外侧，剑诀内向上划弧，待右手压剑时，贴于右手腕。视线先随剑动，后至前下。（图2）

Head Star
Lift Pen

魁星提笔

①

②

1·提剑长身

右手虎口朝下，微向外上提剑把，剑尖朝下，臂与肩平。同时起身，站立，重心在左腿。剑诀随右手向上，视线正前远视。（图1）

2·独立提笔

右手再往上提，手过顶，剑根微向外上提。同时提右膝，左腿独立。剑诀下落至右脚尖前，视线不变。（图2）

第三十式 Backhand Playing

反手势

①

2·仰身后劈

右手剑以前刃由上向右下劈，视线随剑转向右，剑诀顺剑尖前指，手心向外。（图2）

②

1·右脚平蹬

左腿站稳，重心微下移。同时，右脚尖往前蹬出，上身往后仰，眼紧盯前方。（图1）

技法应用（第二十九、三十式）

起身上提剑根，贴拨对方兵器，提右膝用脚蹬对方的裆、膝，或上踢其握兵器之手。随即仰身翻转用剑前刃劈向对方身后（可同时完成蹬、劈动作）。

第二章 吴式太极剑 四十式剑谱

71

Step Ahead
and Insert Sword

进步栽剑

① 正面

②

1·转身后扫

右脚向左脚后方（正西）下落着地，随即重心移至右腿。同时，右手剑以前刃向右下扫。剑刃由右外走大半圆形，至正东，高与膝平。在剑动的同时，右脚往左（正西）迈，以右脚掌为轴向右转身成右侧弓步。视线随剑动；剑诀随身体转动，最后朝正西斜上指，与右臂成直线（图1、2）。

2·探身栽剑

右手坐腕，扬剑尖，经头顶上方向左脚外侧（正西）舒臂探身下刺，剑尖与脚面平。视线随剑尖动，身往左转，左脚向前迈步，并将重心转移至该脚，剑诀贴于右手背。（图3）

②

③

第三十二式 左右提鞭

Lift whip
on Both Sides

① ②

2 · 转身提鞭

右手剑以中刃经外侧向右后平转，视线朝前，身体、剑诀随剑转。（图2）

1 · 穿剑上挑

右手剑以剑尖向左后移动，视线随剑尖动。身往左转，左脚往左外上步，扣右脚脚尖朝南。右腿半蹲，重心移至此腿，左脚跟虚起随转。同时，右手剑尖继续上挑立起，右肘在右肋旁，小臂平。视线随剑动，剑诀随右手动。（图1）

技法应用（第三十一、三十二式）

接上一动作，右脚落地后，转身用剑前刃向后扫对方下部，再左转身，用剑尖刺左侧敌人的脚面。上步转身躲过背后的袭击，用剑尖挑对方之手，再用剑根截阻其兵器，往外格开。

Shatters
Ready to Sweep

落花待扫

1 · 跨步压剑

　　左脚横跨半步，重心移至左腿。同时，右手剑下压，右臂与上身成45度角，视线随剑动。剑诀移至右肋处，手心向下。（图1）

2 · 上步撩扫

　　右手剑以前刃往下扫，再向左侧上撩至正东，臂和剑平。同时，右脚往前迈，脚尖朝北落。弓膝，重心移右腿，成右侧弓步。视线与身体随剑动。（图2）

②

左右翻身劈剑

1 · 左侧劈剑

右手剑以前刃由面前立剑再向左侧劈下，与面门平。视线、身体也随之左转，重心移于左腿。剑诀随右手经胸前到左侧，贴于右腕处。（图1）

①

2 · 翻身右撩

右手剑以剑根下压至右膝旁，同时，右脚尖外开，弓膝，重心移于右腿，视线随剑，身向右转。剑诀随右手动，随后，右手剑不停，以前刃向外前方（正东）反手上撩，剑与臂平。同时左脚上迈，朝南落脚。弓膝，重心移于左腿成左侧弓势。视线随剑动。身向右转，面朝东，左手剑诀随右手动。（图2）

②

3 · 马步劈剑

右手剑以前刃由上向右侧下劈，与面门平。同时，身右移，弓右膝，重心移至右腿，左腿舒直，成右弓步，胸朝南。视线随剑动，剑诀随右手动。（图3）

③

4 · 上步撩扫

动作同第三十三式落花待扫的上步撩扫，只是剑诀分开后向左微上指，左臂在体侧平举。（图4）

④

技法应用（第三十三、三十四式）

我用剑中刃向下贴压右边对手刺向下盘的兵器，转身躲开，并用剑前刃上撩左边之人。接着用剑回身劈左后之人，再用剑上撩右边之人，泰然应对左右两面。

Hold
Moon in the Arm

抱月势

1·圈肘分斩

　　右手剑以前刃由上向左屈肘下落，视线随剑，身微左移。弓两膝，重心平分于两腿成马步，胸朝北。剑诀回到胸前，手背在右手里边（图1）。随后两臂前伸，右手剑以前刃向外前平抹。两手心朝下，再向右侧平斩，臂、剑与肩平，视线随剑右转。剑诀向左伸，与右臂平（图2）。

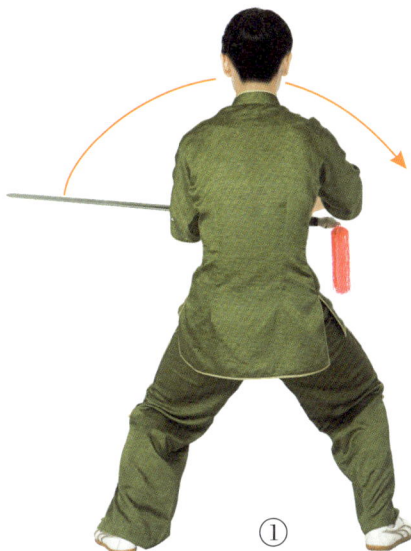

① 正面

①

② 正面

②

③ 正面　　　　　　　　　③　　　　　　　　　④　　　　　　　　④ 正面

2·穿云平斩

　　右手剑以上边前刃向左、向后斜上过顶（图3）。剑不停向右至正北平斩。在剑前斩的同时，重心移于左腿，右脚前出成虚步。上身微后仰，再向平前。剑诀随着屈臂在左侧转一小圈后，再前伸，两手心转朝上，与胸口平（图4）。

第三十六式 Single Whip playing
单鞭势

① ②

1·半面右转

右手剑以上边前刃
向左前平移，手心朝上，
视线随剑尖动。身左转，
重心微降，弓左膝，微外
张。（图1）

2·弓步取喉

右手剑以剑尖向右前伸展至东南角，与喉平。同时，右
脚向右外跨步，落脚朝东。弓膝，重心前移，成右隅步弓势。
眼顺剑尖向右前远视。剑诀向左后伸，手心朝上。（图2）

技法应用（第三十五、三十六式）

用剑下压对方刺向我头部之兵器，随即贴住并向前
平抹其腕、臂和前胸，追至右侧，用剑前刃向左上削对
方持兵器之手，再旋腕伸剑前斩，并分剑削其手，再向
右前方斜上用剑尖取其喉。

第二章 吴式太极剑 四十式剑谱 ☯

肘底提剑

第三十七式

1▪歇步压剑

松左膝，重心后移至左腿，右脚往左斜后撤。脚尖着地，屈双膝，跪蹲成歇步。同时，右手翻朝下，以剑中部向下平压至左脚尖前边。视线随剑动，剑诀向背后斜上指，手心翻朝上。（图1）

①

①正面

②

③

2▪独立提剑

右手向右上提剑把，臂舒直，以剑前刃向外上划。身体随剑起，重心移于右腿。提左膝，右腿独立。接着，右手剑经上方向右劈，剑诀由脚前边下指移向身体后方。视线随剑尖动。（图2、3）

第三十八式

Get Moon
from the Sea

海底捞月

①

②

2·弓步捞剑

右手剑以中刃先尽量往下，再向左前上捞到东北方与肩平。同时，身体向左转，左脚尖外展90度。弓膝，重心前移至左腿，成左隅步弓势。视线随剑动，剑诀向斜上指，手心朝外。（图2）

1·屈膝下蹲

松屈右膝，下蹲，左脚往左后方落，脚尖着地。同时，右手以剑前刃下劈，视线随剑动。剑诀指向身后。（图1）

技法应用（第三十七、三十八式）

撤右脚变歇步，用剑身下压对方向我右腿刺来之兵器。长身提剑尖，割对方手，再翻腕右劈，然后顺势向前上推捞，使对方不能握住兵器，或抹斩对方的腰部。

第二章 吴式太极剑 四十式剑谱 ⑤

81

第三十九式

左右横扫千军

① ② ③

1 · 移身抽剑

松右膝，重心移至右腿。同时右手剑翻转向下，往回抽拉剑把，剑身平撤，剑诀变掌，手心向上，握住剑把后部至胸前身体半向右转。视线随剑动。（图1）

2 · 上步抹剑

左脚向上跨越（图2），落在右脚右前方。重心随腿移动。右脚再往右前上迈出，落脚朝东。弓膝，重心前移于右腿成右隅步弓势，双手握剑随身动。在落脚、弓膝的同时，腰微右转，以剑中刃外抹，视线随剑动（图3）。

④

⑤

⑤ 正面

3 · 翻剑扭身

松左膝，重心后撤至左腿。同时，双手翻转，剑身立起，翻转过来。剑在腹前，配合身体半面左转。视线随剑动。（图4）

4 · 上步抹剑

将重心转移至左腿，右脚往上跨落在左脚左前方（图5、6）。左脚再往左前上迈出，落脚朝东。弓膝，重心前移至左腿成左隅步弓势。在落脚、弓膝的同时，腰微左转，以剑中刃外抹，视线随剑动（图7）。

⑥

⑦

技法应用

我用剑身平面压住对方兵器，随其前进而坐身贴拿。跨腿斜前上，脚落在其旁侧，再上步用剑压住对方之兵器，用腰带动剑中刃拦腰横斩。往左抹斩时的动作相同。

合太极（收势）

①

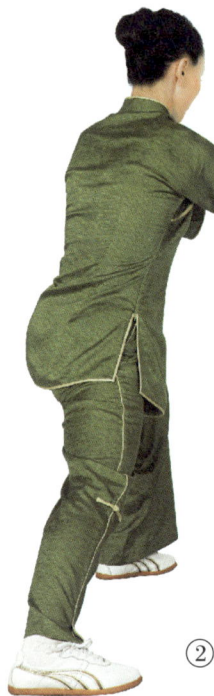

②

③

1 · 翻剑下刺

双手翻转，剑身向下刺。剑在腹前，配合身体左转。视线随剑动。（图1）

2 · 举镖提膝

右手松开剑把，左手握剑把，向上高举剑镖，上身长起，身体向右转。弓左膝，右脚向右跨半步并虚落地。视线看向右前方。右手变为剑诀，手心向下垂于右胯处。（图2、3）

3 · 搂膝进诀

右脚着地，弓右膝，重心右移成右隅步弓势。同时，左手以剑镡向右前方指出，手心朝外，剑身平贴于臂外侧，剑诀摆向体侧（图4）。接着，左手剑向左下方收并松垂于体侧，剑诀经过体前指向左方。左脚上前半步，与右脚呈一直线，双腿弯曲，重心下移。（图5）

4 · 收步还原

右手剑诀向右后下至体侧，右脚向左收，双脚自然步站立，重心分于两腿。调整呼吸，全身松净，恢复无极势。（图6、7）

┌─ **动作要领** ─┐

收势为本套太极剑的整理运动。虽然练剑时要求放松，用意，但要认真地一招一式地练下来，其运动量也是很大的。在结束之前，做一组缓和、轻柔、均匀的动作，有利于身体从运动状态变为静止状态。注意全身的关节、肌肉要尽量放松，调节呼吸，让气息出入平稳。将视线收回，神守内舍，再轻轻移步活动周身。

附录 中华传统之剑文化

剑文化，是中国古代工匠、文人和武士在制剑、佩剑和舞剑等过程中逐渐形成的一种独特的文化现象。它随着剑的发明而产生，又伴着剑的演变而发展，源远流长，内涵非常丰富。

一、百刃之君

剑是短兵之祖，近搏之器，曾被古人奉为圣品，至尊至贵，君臣咸崇。就形制而论，剑为具有锋刃的兵器，大致由以下几个部分组成：剑身最前端称"锋"，剑体中线凸起称"脊"，脊两侧成坡状处称"从"，最外端之刃称"锷"，合脊与两从为"腊"，剑柄则称"茎"。茎有扁形与圆形两种。茎和身之间有护手之"格"，格又称"卫"。茎的末端常有圆形的"首"，首又称"镡"。茎上多有圆形之"箍"，常以绳缠绕，称之为"缑"。剑多佩有鞘，亦谓之"室"。短剑也称"匕"。由于剑型美身轻，便于携带，所以多被用作防身之器。名士贵族剑不离身，久之便被古人视作身份、智慧和勇武的象征，在古代十八般传统冷兵器中，被尊为"百刃之君"。

剑的起源非常早，《史记》云："轩辕自择亡日与群臣辞。还葬桥山，山崩，棺空，唯有剑舄在棺焉。"虽不可尽信，但至殷商时期随着冶炼技术的发展，铜剑之现身当属情理之中。夏是中国历史上第一个朝代（公元前21～前16世纪），中国大约在此时进入青铜时代。《越绝书》云："禹穴之时，以铜为兵。"随着先民日益熟练地掌握青铜冶铸的技术，用青铜来铸剑，是很自然的过程。青铜，即红铜与锡、铅、镍等化学元素的合金，具有熔点低、硬度

高、化学性能稳定等优点，能铸造出用于生产和生活方面的各种器物。它的出现对人类生产力发展起过划时代的作用。自公元前2000年左右开始，经夏、商、西周至春秋时期，史称青铜时代，大约经历了十五个世纪。

自黄帝至东周，剑大多以铜铸之，剑质甚佳，炼制技术也在不断探索之中逐渐进步。春秋战国之时，成剑之制、造剑之法始定。据《周礼·考工记》，"周官桃氏为剑，腊广二寸有半，两从半之，以其腊广为之。茎圆长倍之。中其茎，役其后，身甚五其茎，重九锊（按：周礼六两半为一锊），谓之上制，上士服之。身长四其茎，重七锊，谓之中制，中士服之。身长三其茎，重五锊，下士服之"。又云："剑，古器名，两刃而有脊，自背至刃，谓之腊，或谓之锷（即剑身）。背刃以下，与柄分隔青，谓之首（即剑盘），首以下把握之处曰茎（即剑柄），茎端旋环曰铎"。

二、剑取天下

青铜质硬而脆，剑身过长则易折断，故而铜剑长均不过二尺，短则仅一尺。自黄帝至战国，虽历经二千五百年，剑之尺寸并没有很大变化。战国时期，秦国冶炼技术先进，铁剑大兴。据江淹《铜剑赞序》记载："始皇因攻纷乱，铜墙铁壁不敷用，故以铁代之。"秦在少府下专置"铁官"，首创揉钢技术：用纯铁渗碳后对折，多层迭打。并将其工艺分为"三十炼"、"五十炼"、"百炼"等，不断冶炼、锻打、淬火，分步脱碳净化，颇似揉面，使铁百炼成钢的铸剑技术。战国后期，秦国已是青铜剑、铁剑并用，剑长亦有变化，增至三尺左右，即所谓"三尺剑"。秦

国青铜剑剑身狭长，表面经过仔细研磨，并有一层铬盐氧化物，显现出乌黑的光泽，能防蚀防锈。陕西秦墓出土的诸多长剑大多光亮如新，且长过三尺。荆轲刺秦王时，嬴政拔剑自卫，却未能拔出，剑长之故也。由御医提醒，将剑放在背后，方才拔出，立断荆轲之臂。秦朝建立，为扬"灭六国、驱蛮夷"之威，始皇召集天下制剑名匠，历时三载，铸成定秦宝剑一双，长皆三尺六寸。上面的"定秦"二字为李斯篆刻，意为"天下由秦而定"。一柄作为镇国之宝，埋于阿房宫下，另一柄作随身佩剑，号令天下。自此开创天子宝剑的历史先河，使剑成为权力、地位、正义、力量的象征。定秦宝剑凝聚了春秋战国时期天下最高的铸剑技法，又是王者之剑，故而被后世誉为"天下第一剑"。正是"定秦"剑才使后世宝剑长度固定下来，开创了我国宝剑长三尺六寸的先河。当时秦国之所以能在短短十年之间扫灭六国，原因之一就是其兵器处于明显的领先地位。由此可见，秦始皇不仅发以铁铸剑之滥觞，且像统一度量衡、规范文字一样，也为铸剑规定了新的形制规范。

三、剑道高深

在等级森严的封建社会，佩剑并不能随心所欲。据唐代徐坚等纂《初学记·武部·剑》云："古者天子二十而冠，带剑；诸侯三十而冠，带剑；大夫四十而冠，带剑；隶人不得冠，庶人有事得带剑，无事不得带剑。"回顾剑术发展史，古越国曾有一奇女子以精通剑术闻名。《吴越春秋》中记载了"越女论剑"的故事：她是勾践时期生活在深山老林里的无名少女，自幼喜击剑，全凭自己感悟摸索出一套独特剑术。范蠡闻其名，邀其来京城任军中武师。在进京途中遇老剑客袁公，愿与越女一较高下。两人折竹枝比试，

少女守三招后一招击中，袁公不敌飞身上树遁走。后少女与越王勾践论剑道，提出"形神相应、动静互制、长于变化、出奇制胜"等高论，然后当场表演，果然以一挡百，勾践封其为"越女"，并将其剑法传授给越国武将。金庸小说《越女剑》就是依此典故改编而成。

剑术还与谋略相连。在鸿门宴上，有"项庄舞剑，意在沛公"之典。项羽谋士范增暗使项庄舞剑，以便于席间刺杀刘邦。而项伯亦拔剑起舞，以身体保护刘邦，张良察觉到，便邀樊哙入，争取时间，沛公借故离席，逃过此劫。如今，这个典故常用来比喻某些人策划阴谋，别有用心之举。

汉代，剑术已甚精备，文人武士皆喜斗剑，以示兼备之才。曹丕《典论·自叙》："余又学击剑，阅师多矣，四方之法各异，唯京师为善。桓、灵之间，有虎贲王越善斯术，称于京师。河南史阿言昔与越游，具得其法，余从阿学精熟。尝与平房将军刘勋、奋威将军邓展等共饮，宿闻展善有手臂，晓五兵，又称其能空手入白刃。余与论剑良久，谓将军非法也，余顾尝好之，又得善术，因求与余对。"此记载反映出当时剑术的高超和斗剑风气的盛行。自唐开始，佛道、神仙、妖邪、鬼怪等传说盛行，剑乃变为镇邪避凶之器，数尺之铁，一旦铸成剑形，即具有无上魔力。于是家悬一剑，便以为祥，认为不习剑术亦可御敌而胜。故而自唐以后，剑类短兵，不少为释道所用。而从征军士，多用刀而鲜用剑，佩刀者渐多于佩剑者，剑术的发展呈停滞之势。

宋代，剑术有所复兴。据明代唐顺之所撰《武编》，宋太宗"选诸军勇士数百人，教以舞剑，皆能掷剑空中，跃其身左右承之，妙绝无比。会北戎遗使修贡，赐宴便殿，因出剑士示之，袒裼鼓躁，挥刃而入，跳掷承接，霜锋雪刃，飞舞满空。"这些高超绝技，对后来剑术套路及表演技艺的发展，影响很大，

至今在演练的武术套路中亦多有所见。

至明代，各武术流派在剑术应用的基础上，创造了不少珍贵的剑法。《阵纪》所云："卞庄子之纷绞法，王聚之起落法，刘先生之愿应法，马明王之闪电法，马起之出手法"等，这些剑法为后世剑术的发展，提供了有益的素材。

清代，乃剑术集大成时期。宋仔凤撰《剑法真传》，将历代剑术予以总结。至此，剑术根据练法，可分为行剑、势剑、双手剑、长穗剑、双剑、反手剑等。而剑种可分为青萍剑、武当剑、三才剑、三合剑、云龙剑、八卦剑、太极剑、螳螂剑、通备剑、醉剑、宣化剑、七十三剑、龙形剑、奇门十三剑、白虹剑、纯阳剑、七星剑等，可谓博大精深。

四、琴心剑胆

早在春秋战国时期，剑便十分普及，文人武士皆随身携带。即使如冯谖般缺衣少食之士，仍剑不离身。当时名剑，有干将、莫邪、太阿、纯钧、湛卢、鱼肠、巨阙等，皆无价珍品，而龙泉剑更属奇珍。相传欧冶子奉楚王之命铸剑，遍访名山大川，寻至浙江龙泉，见秦溪山麓古木参天，近旁丰蕴铁英，寒泉清冽，遂于此定居铸剑。欧冶子在此铸就了龙渊、泰阿、纯钧、湛卢、鱼肠、巨阙等神剑，龙泉宝剑也由此诞生。此剑以其"坚韧锋利，斩铜如泥"、"钢柔并寓，能屈能伸"、"光泽如光，寒光逼人"、"纹饰精巧，典雅秀丽"等四大特色而享誉天下。此外，龙泉剑上花纹似水之波浪、如天上白云，给人一种闪烁流动之感，即所谓"剑气"。相传，龙泉宝剑即使深埋地下四丈，其"异光花纹"亦可冲出地面直上云霄，正所谓"斗牛之间，常有紫气"也。

与剑相关者，还有一曲凄美的爱情颂歌。据

《吴越春秋》记载，干将奉吴王夫差之命铸剑，铁汁不下，其妻莫邪自投炉中，铁汁乃出，遂成二剑。雄剑曰干将，雌剑曰莫邪。干将进雄剑于吴王，而藏雌剑，雄剑思念雌剑，常悲鸣不已。由是有"宝剑夜鸣"之典。剑既为举世同好，后流为艺术品，则始于剑身之上的雕铭刻画。于剑柄上美化其形，附加蕙饰，进而在剑鞘上镀金嵌玉，各具匠心，历代相传，靡有不然。而最具魅力者，当属剑术。剑术一般分为"站剑"和"行剑"两大类别。"站剑"一般指持剑者立身一处，静而沉稳似雕塑，动则迅速敏捷；而"行剑"则相对显得停顿较少，动作连续不断，均匀而有韧性。剑还有长穗、短穗之分。穗又称穗袍，它的作用是以舞动惑敌，演练时显得龙飞凤舞，形态优美。尤其长穗，随剑飘舞，更显神妙。

舞剑之道，需身与剑合，剑与神合。清代纳兰性德所撰《绿水亭杂识》云：剑"锋锷如槊刃，而以身为之柄，徽州目连戏人之身法，轻如猿鸟，即剑法也。"这里说所云"以身为柄"，即以身领剑，乃练剑之要。统而言之，剑术之招式主要可分为劈、砍、刺、点、撩、崩、截、抹、穿、挑、提、搅、扫、压、挂、格等十几种。其特点是刚柔相济，吞吐自如，飘洒轻快，矫健优美。剑经常现身于古诗词中，如李白"停杯投箸不能食，拔剑四顾心茫然"之惆怅；辛弃疾有"醉里挑灯看剑，梦回吹角连营。八百里分麾下炙，五十弦翻塞外声，沙场秋点兵"的豪情。将过去文人骚客内心雄风豪迈的气质表现得淋漓尽致。

古人讲求文武兼备，即所谓琴心剑胆。琴心指对音乐内涵的领悟与理解，表现出中华传统文化的细腻与深邃，而剑胆则是对英雄精神的诠释，代表着中华传统文化体系的强悍与勇武。中国剑文化，承载着古人对理想境界的向往，对博大气象的追求，也蕴涵着正义必胜的道德期待与浪漫优雅的武术审美。

童红云

传统吴式太极拳第五代传人
国家高级教练员
武英级运动员

师从中华武术百杰李秉慈先生。武汉体育学院武术系研究生，自幼习武。10岁时入体工队开始专业武术训练，练习刀、枪、剑、棍、太极拳等，多次出访中国香港、中国台湾以及新加坡等地进行武术表演。主攻吴式太极拳十几年。

在全国武术太极拳、剑锦标赛上，多次获得吴式太极拳冠军、集体太极拳冠军。曾获全国武术锦标赛八卦掌第一名。北京国际武术太极拳比赛枪、剑第一名等。

现任深圳市体工大队武术队高级教练，其多名学生在全国武术冠军赛、亚洲武术青少年锦标赛、世界武术青少年锦标赛等各类武术比赛中获得冠军。

与吴彬先生

与李德印老师

与恩师李秉慈先生（中）及获奖学生

图书在版编目(CIP)数据

吴式40式太极剑 / 童红云编著． —成都：成都时代出版
社，2009.6

ISBN 978-7-80705-985-1

Ⅰ. 吴… Ⅱ. 童… Ⅲ. 剑术（武术）—中国 Ⅳ. G852.24

中国版本图书馆CIP数据核字(2009)第035451号

吴式40式太极剑
WUSHI 40SHI TAIJIJIAN

童红云 编著

出 品 人	秦 明
责 任 编 辑	李 佳
责 任 校 对	李永川
装 帧 设 计	◉中映·良品 （0755）26740502
责 任 印 制	莫晓涛

出 版 发 行	成都传媒集团·成都时代出版社
电　　　话	（028）86619530（编辑部）
	（028）86615250（发行部）
网　　　址	www.chengdusd.com
印　　　刷	深圳市华信图文印务有限公司
规　　　格	889mm×1194mm　1/24
印　　　张	4
字　　　数	120千
版　　　次	2009年6月第1版
印　　　次	2009年6月第1次印刷
印　　　数	1-15000
书　　　号	ISBN 978-7-80705-985-1
定　　　价	25.00元